새로 나온《기탄한자》-
어린이들로부터 사랑받는 학습지가 되겠습니다.

● 《기탄한자》를 고대하신 여러분께 감사드립니다.

그 동안 《기탄수학》, 《기탄국어》 등의 교재를 사용해 보시고 《기탄한자》가 나오기를 고대하신 여러분들께 감사드립니다.

학부모님들의 열화 같은 요청에 의하여 오랜 연구와 각고끝에 드디어 《기탄한자》가 선을 보이게 되었습니다.

그 동안 저희 연구진이 할 수 있는 최선의 노력을 기울여서 만든 작품이니만큼 결코 실망시키지 않으리라 확신하며 사랑받는 학습지로 더욱 심혈을 기울여 나가겠습니다.

● 한자를 모르고는 공부를 잘 할 수 없습니다.

학부모님들도 잘 아시다시피, 우리말의 약 70% 정도가 한자어로 구성되어 있으며 수학, 사회, 과학 등 각 교과서의 학습용어 대부분이 한자로 되어 있습니다.

따라서 한자를 초등 학교 저학년 때부터 미리 알면 어휘를 정확하게 이해하게 되어 언어생활을 바르게 할 수 있게 됩니다. 뿐만 아니라 다른 교과의 내용도 심도 있게 이해할 수 있는 기초 능력을 길러 주게 되어 저절로 성적이 쑥쑥 향상될 수 있습니다.

한자를 모르고는 결코 좋은 성적을 내기가 어렵습니다.

● 이제 한자 학습은 필수! 《기탄한자》로 시작해 보십시오.

21세기는 세계의 중심축이 한자 문화권에 놓이게 될 것입니다. 따라서 공통문자 또는 국제문자로서의 한자의 역할이 증대될 것입니다. 《기탄한자》는 이러한 국제 사회의 흐름에 발맞추어 한자를 쉽고 재미있게 정복할 수 있도록 9단계 교재로 엮어 놓았습니다.

적은 비용으로 최고효과를 거둘 수 있도록 기획된 《기탄한자》, 지금 곧 시작해 보십시오.

《기탄한자》 –
개인별 · 능력별 프로그램식 학습교재입니다.

1 모두 9단계의 교재로 만들었습니다.

《기탄한자》는 A단계에서 I단계까지 총 9단계로 구성된 학습지입니다.

각 단계는 모두 4권으로 4개월 동안 학습할 수 있게 구성되어 있으며, A단계부터 I단계까지 모두 36권으로 36개월(3년) 정도가 소요됩니다.

2 1주일에 4자씩, 1달에 16자, 1년에 200여 한자를 익힐 수 있습니다.

《기탄한자》는 1주일에 4자씩 새로운 한자를 익히게 구성되어 있어서, 1달 과정이 끝나면 16자의 한자를 익힐 수 있습니다.

한 단계는 4권으로 구성되어 있어 모두 600여 한자를 학습할 수 있습니다.

※ G~I단계에는 한 주에 5자씩 수록되어 있습니다.

3 기초한자 학습부터 한자급수시험까지 상세하고 완벽하게 대비하였습니다.

《기탄한자》의 총 9단계 중 A~C단계 교재는 새로이 발표된 교육부 선정 한자를 위주로 하여 초등 학교 저학년 어린이들에게 필요한 기초 생활한자를, D~F단계 교재는 초등 학교 고학년 어린이들에게 필요한 기초 생활한자를 익힐 수 있도록 구성되어 있으며, G~I단계 교재는 한자급수시험 대비를 겸하여 꾸며져 있습니다.

4 부담없는 반복 학습으로 효과가 확실합니다.

《기탄한자》는 매주 부담없게 4~5자씩 새로운 한자를 익히며 그 동안 배운 한자를 다양한 학습 방법을 통하여 반복해서 익힐 수 있도록 재미있게 구성하였습니다.

■기탄한자 단계별 학습내용 ■

A~C단계	초등 학교 저학년에게 필요한 교육부 선정 한자 192자 및 부수 학습
D~F단계	초등 학교 고학년에게 필요한 교육부 선정 한자 192자 및 부수 학습
G~I단계	교육부 선정 240자 위주. 한자급수시험 대비

《기탄한자》는 치밀하게 계산된 학습 시스템으로 일반 학습 교재와는 전혀 다릅니다.

1 자신감이 생기는 학습

한자문맹 「흔들리는 교육」이란 제목 하에 우리 나라 최고 명문대에서 학생들이 한자를 제대로 알지 못해서 수업이 제대로 되지 못한 사건이 발생했다고 신문에 기사화 되어 충격을 준 적이 있습니다.

현재 대부분의 학생들은 물론 일반인들까지 부모나 형제 자매의 이름을 제대로 쓰는 사람이 드물다는 것이 전문가들의 대체적인 시각입니다.

《기탄한자》로 지금 시작해 보십시오.

초등 학교 때부터 하루 10분 정도만 학습하면 한자가 익숙해져 자연스럽게 한자문맹에서 해방됩니다. 초등 학교 때부터 자연스럽게 신문이나 잡지도 볼 수 있게 되어 자신감이 생기고 따라서 성적도 쑥쑥 올라가게 됩니다.

《기탄한자》, 자녀에게 자신감을 키워줍니다.

2 올바른 학습 습관이 생기는 학습

《기탄한자》는 어린이들에게 한자학습이 재미있고 흥미로운 것이라는 인식을 심어 줄 수 있도록 다양한 형식과 체제로 구성하였습니다. 따라서 가정에서는 어린이의 생활습관을 규칙적으로 꾸며 가도록 지도해 주시는 것이 중요합니다.

《기탄한자》로 매일 일정한 시간에 일정량을 꾸준히 공부하다 보면 생활 리듬이 일정해져 공부시간도 틀에 잡히고 효과적인 학습도 가능해져 '몸에 맞는' 올바른 학습습관이 생기게 됩니다.

3 집중력이 생기는 학습

공부는 많이 하는데 성적이 오르지 않는 어린이는 집중력이 약하기 때문입니다.

《기탄한자》는 매일 2~3장을 10분안에 학습하는 훈련을 반복함으로써 자연스럽게 집중력이 최고로 강화될 수 있도록 하였습니다.

《기탄한자》는 매일 10분 학습으로 집중력을 길러주는 학습 시스템입니다.

4 창의력이 생기는 완전학습

창의력이란 아무것도 없는 데서 새로운 것을 찾는 능력이 아니라 이미 알고 있는 것에서 조금 다른 것을 찾는 능력이라고 합니다.

이러한 창의력은 어떻게 생길까요? 바로 다양한 체험을 통해서 가능해집니다.

《기탄한자》는 다양한 학습체험을 통해 읽고, 쓰고, 깨달음으로써 자연스럽게 창의력을 키워주어 완전학습으로 나가게 해줍니다.

교재 학습 방법

1 교재 선택

처음 한자 학습을 시작하는 어린이는 교재의 첫부분 A단계부터 시작해 주십시오.

그 동안 한자 학습을 진행한 어린이는 자신의 능력과 수준에 맞추어 교재를 선택하되 학습자의 능력보다 약간 낮은 단계부터 시작하는 것이 효과적입니다. 학습자의 능력보다 수준이 높은 교재를 선택하면 공부에 흥미를 잃어 중도에서 포기하기 쉽습니다.

2 교재 활용

교재는 한 권이 4주분으로 한 달간 학습할 수 있도록 편집되어 있습니다. 교재를 구입하시면 주저하지 마시고 먼저 1주일 분량씩 분리해서 매주 1권씩 어린이에게 주십시오. 한꺼번에 교재를 주면 어린이가 부담스러워 학습을 미루거나 포기하기 쉽습니다(교재가 잘 나누어지도록 제작되어 있음).

3 교재 학습

매주 새로운 한자를 4~5자씩 배울 수 있게 계획되어 있습니다. 매일 일정한 시간을 정해놓고 하루에 2~3장씩 10분 정도 학습할 수 있게 지도해 주십시오. 매일 배운 한자를 여러 형태로 음과 뜻, 짜임, 활용 등을 활용 반복해서 학습할 수 있게 되어 있으므로 밀리지 않고 차근차근 따라하면 기초한자를 쉽게 정복할 수 있습니다. 어린이의 학습의욕과 성취도에 따라 학습량을 조절해 주시되 무리하게 학습을 시키지 않도록 유의해 주시고 스스로 공부하는 바른 습관이 붙도록 해 주십시오.

4 자녀의 학습 관리

어머니는 이 세상의 그 어느 선생님보다도 더 훌륭한 최상의 선생님으로 어머니의 사랑으로 자녀를 가르칠 때 그 효과가 가장 높다는 것이 교육학자들의 일반적인 견해입니다. 자녀들이 학습한 내용들을 일 주일에 한 번씩 날짜를 정해놓고 5~10분간만 투자해서 확인해 주시고 관심을 보여 주십시오. 그리고 칭찬해 주십시오. 칭찬을 잘 하는 어머니가 공부를 잘 가르치는 최고의 선생님이란 것을 잊지 마십시오. 어머니의 관심도에 비례해서 자녀의 한자실력이 쑥쑥 자라난다는 것도 잊지 마세요.

학습을 시작하기 전에 꼭 읽어 주세요

다음에 소개되는 내용을 꼭 외울 필요는 없습니다.
금방 이해가 가지 않는 내용도 있을 것입니다.
그러나 교재를 풀다 보면, '아하! 그 말이었구나.' 하고
느끼면서 저절로 알게 될 내용들입니다.
그러나 중요한 것이라서 자주 보고 읽어 두어야 합니다.
그래야만 한자를 쉽게 익힐 수 있으니까요.

1. 한자의 3요소

한자는 3가지 중요한 것으로 구성되어 있습니다. 한자 공부를 잘 하려면 이 3가지를 항상 같이 익혀야 합니다.

(1)한자의 뜻(훈) (2)한자의 소리(음) (3)한자의 모양(형)

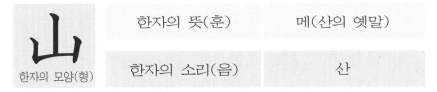

山 한자의 모양(형)	한자의 뜻(훈)	메(산의 옛말)
	한자의 소리(음)	산

2. 한자는 이렇게 만들어졌다.

모든 한자는 크게는 3가지, 작게는 6가지 원칙으로 만들어진 글자입니다.

(1) 기본 한자

1)눈에 보이는 사물을 본떠서 만들었습니다.

날 일(日) 등이 그러합니다.

2)눈에는 보이지 않지만, 뜻을 부호로 표시했습니다.

한 일(一), 위 상(上) 등이 그러합니다.

(2) 합쳐서 만든 한자

1)이미 만들어진 사물 모양의 한자들을 합쳐서 만들었습니다.
동녘 동(東), 수풀 림(林) 등이 그러합니다.

2)사물 모양의 한자와 부호 한자를 합쳐서 만들었습니다.
한자의 음(소리)은 합쳐진 한자 중 하나와 같습니다.
물을 문(問), 공 공(功) 등이 그러합니다.

(3) 운용 한자

1)어떤 한자에 다른 뜻과 다른 소리를 내도록 만든 한자로서
원래 한자의 뜻과 관계가 있습니다.

> 예   惡이란 한자는 원래 '악할 악' 자입니다. 그러나 악한 사람들을 모두가 미워한다는 뜻으로 '미워할 오' 자로도 씁니다.

2)외국어로 표기할 때 원래의 뜻과는 아무 상관 없이 비슷한 한자로 표시합니다.

> 예   미국을 한자로 美國이라고 쓴 이유는 美國이 중국말로 '음메이꿔'라는 소리가 나기 때문입니다. 즉 '아메리카'라는 발음이 가장 가까운 것이 美國이란 한자입니다.

3. 획이란 무엇인가요?

펜을 떼지 않고 한 번에 쓸 수 있는 점이나 선을 획이라고 합니다. 한자의 획수란 그 한자의 총 획이 몇 번인가를 말합니다.
획수는 한자 사전에서 모르는 한자를 찾을 때 다음에 소개할 부수(部首)만큼 중요한 것입니다.

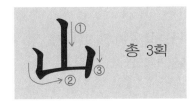

예 메 산 山의 획수

총 3획

4. 부수(部首)를 알면 한자가 보인다.

(1) 부수(部首)란 무엇인가?

앞으로 이 책에는 부수(部首)란 말이 매우 많이 나옵니다. 그만큼 한자에서는 부수(部首)가 중요하다는 뜻이겠지요? 그렇다면 부수(部首)란 도대체 무엇일까요?

부수(部首)란 합쳐서 만들어진 한자 중에서 서로 공통되는 부분을 말합니다.

예를 들어, 큰산 악(岳), 언덕 안(岸), 봉우리 봉(峰), 고개 현(峴) 등에는 공통적으로 메 산(山)이 들어 있지요? 그리고 예를 든 모든 한자가 산(山)과 관계가 있음을 알 수 있습니다.

(2) 부수(部首)의 종류

부수(部首)는 놓이는 위치에 따라서 그 이름이 달라집니다.

변
한자의 왼쪽에 위치한 부수를 변이라고 합니다.
예) 바다 해 海(氵 물 수변, 삼수변)

방
한자의 오른쪽에 위치한 부수를 방이라고 합니다.
예) 고을 군 郡(阝 우부방)

머리
한자의 위쪽에 위치한 부수를 머리라고 합니다.
예) 편안할 안 安(宀 갓머리, 집 면)

엄
한자의 위에서 왼쪽 아래로 걸쳐진 부수를 엄이라고 합니다.
예) 사람 자 者(耂 늙을 로엄)

발
한자의 밑에 위치한 부수를 발이라고 합니다.
예)충성할 충 忠(心 마음 심발)

받침
한자의 왼쪽에서 아래로 걸친 부수를 받침이라고 합니다.
예) 멀 원 遠(辶 책받침)

에울몸
한자의 전체를 에워싸고 있는 부수를 에울몸이라고 합니다.
예) 넉 사 四(囗 에울 위, 큰입 구몸)

제부수
그 한자의 자체가 부수인 것을 제부수라고 합니다.
예) 높을 고 高(高 높을 고부수)

이번 주에 배울 한자

曲	直	開	閉
굽을 곡	곧을 직	열 개	닫을 폐

금주평가	읽 기	쓰 기	이번 주는?
	Ⓐ 아주 잘함	Ⓐ 아주 잘함	• 학습방법 ❶ 매일매일 ❷ 가끔 ❸ 한꺼번에 　　　　　- 하였습니다.
	Ⓑ 잘함	Ⓑ 잘함	• 학습태도 ❶ 스스로 잘 ❷ 시켜서 억지로 　　　　　- 하였습니다.
	Ⓒ 보통	Ⓒ 보통	• 학습흥미 ❶ 재미있게 ❷ 싫증내며 　　　　　- 하였습니다.
	Ⓓ 부족함	Ⓓ 부족함	• 교재내용 ❶ 적합하다고 ❷ 어렵다고 ❸ 쉽다고 　　　　　- 하였습니다.

♣ 지도 교사가 부모님께	♣ 부모님이 지도 교사께

종합평가	Ⓐ 아주 잘함	Ⓑ 잘함	Ⓒ 보통	Ⓓ 부족함

원교　　　　반 이름　　　　전화

G 기탄교육
기초 탄탄한 교육 · 기초 탄탄한 학습
www.gitan.co.kr / (02)586-1007(대)

지난 주에 배운 한자를 다시 한 번 써 보세요.

별 성	별 성	별 성	별 성	별 성
星	星	星	星	星

호 수 호	호 수 호	호 수 호	호 수 호	호 수 호
湖	湖	湖	湖	湖

근 본 원	근 본 원	근 본 원	근 본 원	근 본 원
原	原	原	原	原

기인할 인	기인할 인	기인할 인	기인할 인	기인할 인
因	因	因	因	因

이번 주에 배울 한자를 큰 소리로 읽어 보세요.

열 개

닫을 폐

直

곧을 직

曲

굽을 곡

😊 굽을 곡(曲)에 대해 알아봅시다.

굽을 곡

곡이라고 읽습니다.
굽었다는 뜻입니다.

가로 왈

- -

曲은 대나무 바구니 모양입니다.

●빈 칸에 알맞은 글을 쓰세요.

曲은 [　] 이라고 읽습니다.

[　][　][　] 는 뜻입니다.

😊 필순에 따라 曲을 바르게 쓰세요.

총 6획

曲	曲	曲	曲
曲	曲	曲	曲

● 뜻과 음을 소리내어 읽으면서 曲을 쓰세요.

굽을 곡	굽을 곡	굽을 곡	굽을 곡	굽을 곡
曲	曲	曲	曲	曲

● 빈 칸에 알맞은 한자와 뜻, 음을 쓰세요.

曲		
한자	뜻	음

	굽을	곡
한자	뜻	음

글을 읽고, 曲이 나오는 낱말을 알아봅시다.

어제는 어머니와 함께 曲馬(곡마)단 구경을 갔습니다.
큰 어른이 몸을 曲線(곡선)으로 잔뜩 구부린 채,
작은 말을 타는 것이 매우 신기했습니다.
아주 작은 어린이가 공중그네 재주를 부리는 것을
보고서는 마음 아파 하기도 했습니다.
학교에도 가지 않고 곡마단에서 재주를 부려야만 하는
曲折(곡절)이 무엇인지 궁금하기도 했습니다.

● 曲馬(곡마):말을 타고 여러 가지 재주를 부리는 것
● 曲線(곡선): 부드럽게 굽은 선 ● 曲折(곡절):복잡한 사연

빈 칸에 알맞은 한자를 쓰세요.

곡	마	곡	선	곡	절
曲	馬	曲	線	曲	折
	馬		線		折

😊 흐린 글자를 따라 쓰면서 曲을 익히세요.

曲은 곡 이라고 읽고, 굽었다 라는 뜻입니다.

曲은 굽은 대나무 바구니 모양 을 본뜬 한자입니다.

曲의 획수는 총 6 획입니다.

😊 뜻과 음을 크게 읽으면서, 曲을 쓰세요.

曲	曲	曲	曲	曲	曲
曲	曲	曲	曲	曲	曲

曲은 가로 왈(曰) 부수의 한자입니다.

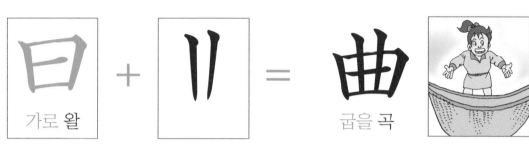

| 曰 | + | ‖ | = | 曲 |

가로 왈   굽을 곡

굽은 대나무 바구니 모양을 본뜬 한자입니다.

한자의 음을 쓰고, 맞는 것끼리 연결하세요.

曲馬 (　　) •　　　• 복잡한 사연

曲線 (　　) •　　　• 말을 타고 여러 가지 재주를 부리는 것

曲折 (　　) •　　　• 부드럽게 굽은 선

曲이 들어간 낱말을 찾아 ○표 하세요.

曲線　　原因　　曲折　　起因

😊 곧을 직(直)에 대해 알아봅시다.

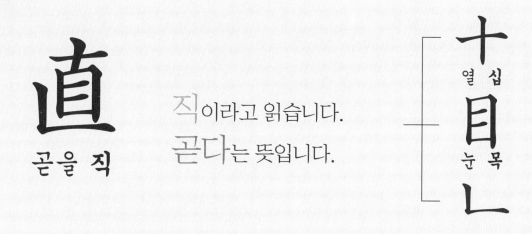

直
곧을 직

직이라고 읽습니다.
곧다는 뜻입니다.

十 열 십
目 눈 목
ㄴ

여러 사람이 보면 바르게 볼 수 있습니다.

●빈 칸에 알맞은 글을 쓰세요.

直은 [   ]이라고 읽습니다.

[ ][ ]는 뜻입니다.

😊 필순에 따라 直을 바르게 쓰세요.

총 8획

直	直	直	直
直	直	直	直

● 뜻과 음을 소리내어 읽으면서 直을 쓰세요.

곧을 직	곧을 직	곧을 직	곧을 직	곧을 직
直	直	直	直	直

● 빈 칸에 알맞은 한자와 뜻, 음을 쓰세요.

直		
한자	뜻	음

곧을	직
한자 뜻	음

글을 읽고, 直이 나오는 낱말을 알아봅시다.

'正直(정직)'은 우리집 가훈입니다.
어머니께서 오늘 나에게 이렇게 말씀하셨습니다.
"학교를 파하거든 집으로 直行(직행)해라.
친구와 약속이 있거든 거짓말하지 말고,
直接(직접) 나에게 말해야 한다. 알았지?"
그저께 내가 어머니께 거짓말을 하고 친구와 놀다가
늦게 들어왔기 때문에 혼이 났습니다.

● 正直(정직):마음이 바르고 곧음 ● 直行(직행):다른 곳에 들리지 않고 바로 감
● 直接(직접):다른 사람이나 물건을 거치지 않고 바로 하는 것

빈 칸에 알맞은 한자를 쓰세요.

정	직	직	행	직	접
正	直	直	行	直	接
正			行		接

😊 흐린 글자를 따라 쓰면서 **直**을 익히세요.

直은 직 이라고 읽고, 곧다 라는 뜻입니다.

直은 많은(열) 사람들이 보면 한 사람이 보는 것보다

바르게 볼 수 있다 는 의미로 만들어진 한자입니다.

直의 획수는 총 8 획입니다.

😊 뜻과 음을 크게 읽으면서 直을 쓰세요.

直	直	直	直	直
直	直	直	直	直 直

😊 直은 눈 목(目) 부수의 한자입니다.

열 십   +   눈 목   =   곧을 직

많은(열) 사람들이 보면 한 사람이 보는 것보다 더 바르게
볼 수 있다는 뜻의 한자입니다.

😊 直이 들어간 한자를 알아봅시다.

나무 목   +   곧을 직   =   심을 식

나무를 심을 때에는 곧게 세워야 합니다.
참고 植은 木부수의 한자입니다.

😊 直이 들어간 낱말을 찾아 ○표 하세요.

曲折   正直   直行   曲線

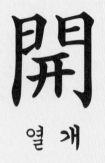 열 개(開)에 대해 알아봅시다.

開
열 개

개라고 읽습니다.
열다라는 뜻입니다.

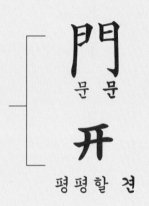
門
문 문

开
평평할 견

- -

빗장을 풀어서 문을 엽니다.

●빈 칸에 알맞은 글을 쓰세요.

開는 ☐ 라고 읽습니다.

☐☐ 라는 뜻입니다.

필순에 따라 開를 바르게 쓰세요.

총 12획

開 開 開 開 開
開 開 開 開 開

● 뜻과 음을 소리내어 읽으면서 開를 쓰세요.

열 개	열 개	열 개	열 개	열 개
開	開	開	開	開

● 빈 칸에 알맞은 한자와 뜻, 음을 쓰세요.

開		
한자	뜻	음

	열	개
한자	뜻	음

😊 글을 읽고, **開**가 나오는 낱말을 알아봅시다.

10월 3일은 단군 왕검께서
고조선을 開國(개국)한 날인 개천절입니다.
어제는 개천절을 기념하기 위한 음악회가
開催(개최)되어, 우리를 즐겁게 해 주었습니다.
기원전 2333년 고조선 개국이래 우리 나라는 많이 변했습니다.
각종 開發(개발)로 국토가 많이 바뀌었으며,
인구도 엄청나게 많아졌습니다.

● 開國(개국):나라를 처음으로 세움 ● 開催(개최):모임이나 행사를 여는 것
● 開發(개발):천연 자원 따위를 인간 생활에 도움이 되게 하는 일.

😊 빈 칸에 알맞은 한자를 쓰세요.

개	국	개	최	개	발
開	國	開	催	開	發
	國		催		發

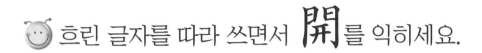
😊 흐린 글자를 따라 쓰면서 開를 익히세요.

開는 개 라고 읽고, 열다 라는 뜻입니다.

開는 빗장을 풀어 문을 여는 모습을

나타낸 한자입니다.

開의 획수는 총 12 획입니다.

😊 뜻과 음을 크게 읽으면서, 開를 쓰세요.

開				

開는 문 문(門) 부수의 한자입니다.

門 + 开 = 開
문 문   열 개

빗장을 풀어 문을 여는 모습의 한자입니다

한자의 음을 쓰고, 알맞은 뜻과 연결하세요.

開國 (   ) •   • 천연자원 따위를 인간 생활에 도움이 되게 하는 일

開催 (   ) •   • 모임이나 행사를 여는 것

開發 (   ) •   • 나라를 처음으로 세움

開가 들어간 낱말을 찾아 ○표 하세요.

開發   正直   直行   開國

😊 닫을 폐(閉)에 대해 알아봅시다.

閉
닫을 폐

폐라고 읽습니다.
닫는다는 뜻입니다.

門
문 문

才
재료 재

빗장을 걸어 문을 잠급니다.

●빈 칸에 알맞은 글을 쓰세요.

閉는 □ 라고 읽습니다.

□□□ 는 뜻입니다.

😊 필순에 따라 閉를 바르게 쓰세요.

총 11획

閉	閉	閉	閉
閉	閉	閉	閉

● 뜻과 음을 소리내어 읽으면서 閉를 쓰세요.

닫을 폐	닫을 폐	닫을 폐	닫을 폐	닫을 폐
閉	閉	閉	閉	閉

● 빈 칸에 알맞은 한자와 뜻, 음을 쓰세요.

閉		
한자	뜻	음

	닫을	폐
한자	뜻	음

😊 글을 읽고, **閉**가 나오는 낱말을 알아봅시다.

학교로 다니는 길이 閉鎖(폐쇄)되었습니다.
포장 공사를 하기 위해서랍니다.
헐레벌떡 다른 길을 통하여 학교에 다다랐더니,
교문이 閉門(폐문)되어 있었습니다. 9시가 넘었기 때문입니다.
학교 운동장에서는 이미 교장 선생님께서
아침 조회 閉式(폐식)을 선언하고 있었습니다.

● 閉鎖(폐쇄):출입을 할 수 없도록 막음 ● 閉門(폐문):문을 닫음
● 閉式(폐식):식을 끝냄

😊 빈 칸에 알맞은 한자를 쓰세요.

폐	쇄	폐	문	폐	식
閉	鎖	閉	門	閉	式
	鎖		門		式

😊 흐린 글자를 따라 쓰면서 閉를 익히세요.

閉는 폐라고 읽고, 닫는다 라는 뜻입니다.

閉는 빗장을 걸어 문을 잠근 모습을 나타낸 한자입니다.

閉의 획수는 총 11획입니다.

😊 뜻과 음을 크게 읽으면서, 閉를 쓰세요.

閉	閉	閉	閉	閉
閉	閉	閉	閉	閉

😊 閉는 문 문(門) 부수의 한자입니다.

門
문 문
+
才
재료 재
=
閉
닫을 폐

빗장을 걸어 문을 잠근 모습의 한자입니다.

😊 한자의 음을 쓰고, 맞는 것끼리 연결하세요.

閉鎖 (　　　) •

閉門 (　　　) •

閉式 (　　　) •

• 문을 닫음

• 출입을 할 수 없도록 막음

• 식을 끝냄

😊 閉가 들어간 낱말을 찾아 ◯표 하세요.

開發　　閉鎖　　開國　　閉門

😊 뜻과 음을 읽으면서, 이번 주에 배운 한자를 쓰세요.

굽을 곡	굽을 곡	굽을 곡	굽을 곡	굽을 곡
曲	曲	曲	曲	曲

곧을 직	곧을 직	곧을 직	곧을 직	곧을 직
直	直	直	直	直

열 개	열 개	열 개	열 개	열 개
開	開	開	開	開

닫을 폐	닫을 폐	닫을 폐	닫을 폐	닫을 폐
閉	閉	閉	閉	閉

서로 알맞은 것끼리 연결하세요.

신문 제호를 읽고 빈칸에 한자의 음을 쓰세요.

曲折 많은 신공항 건설

正直한 정치인이 필요할 때

보존이 우선인가? 開發이 우선인가?

직장 閉鎖로 맞선 회사측

曲折 --------- (   ), 正直 --------- (   )

開發 --------- (   ), 閉鎖 --------- (   )

빈 칸에 알맞은 한자를 쓰세요.

곡	선
	線

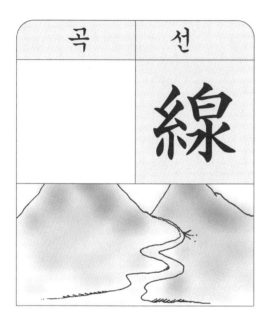

직	접
	接

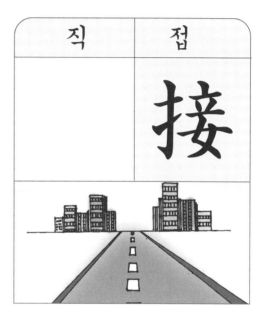

개	국
	國

폐	문
	門

😊 동화를 읽고, 빈 칸에 알맞은 한자를 쓰세요.

자기 자신이 결정하라

미국 대통령을 지낸 레이건이 어렸을 때의 일이다.
새로 開業(개업)한 구두방에 구두를 맞추러 갔다.
"구두 끝을 曲線으로 할까, 뾰족한 直線으로 할까?"
주인이 물었지만, 레이건은 선뜻 대답할 수 없었다.
끝이 동그란 모양이 한참 유행이었지만,
개인적으로는 뾰족한 것이 마음에 들었기 때문이었다.
며칠이 지나도 레이건이 결정하지 못하자,
주인은 레이건에게 한짝은 둥글고, 한짝은 뾰족한
짝짝이 구두를 내놓으면서 말했다.
"이 구두를 가지고 가서 무엇인가를 느껴야 한다."
구두방 주인은 짝짝이 구두를 통해 자기 일은
자기가 스스로 결정해야지, 남이 내린 결정은 결코 자기를
만족시킬 수 없다는 교훈을 준 것이다.
레이건이 다시 그 구두방을 찾았을 때,
구두방 주인은 이미 장사를 그만 두고 가게 문을 閉鎖한 상태였다.

굽을 곡	곧을 직	열 개	닫을 폐

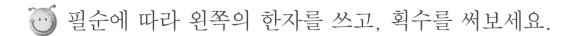 필순에 따라 왼쪽의 한자를 쓰고, 획수를 써보세요.

| 곡 | 曲 | | | | 획 |

| 직 | 直 | | | | 획 |

| 개 | 開 | | | | 획 |

| 폐 | 閉 | | | | 획 |

😊 서로 알맞은 것끼리 선을 이으세요.

曲	直	開	閉

곧을	열	굽을	닫을

개	폐	곡	직

😊 빈 칸에 알맞은 한자를 쓰고, 뜻을 익혀 보세요.

곡	학	아	세
	學	阿	世

: 학문을 옳은 데 이용하지 않고 세상 사람들에게 아부하는 데 씀.

경	정	직	행
徑	情		行

: 꾸밈이 없이 있는 대로 솔직함.

개	국	공	신
	國	功	臣

: 나라를 세우는 데 공이 많은 신하

폐	관
	館

도서관이 [ ] 되었다 : 도서관이나 박물관 따위의 문을 닫음.

 더 더러운 손

> 불문 曲直하고 손들 내놔! 청결 검사를 하겠다.

> 더러운 사람은 혼내겠어!

> 너는 됐고… 너도 그만하면 깨끗하고.

> 이렇게 더러운 손은 開校(개교) 이래 처음이야!

> 아까 씻었는데요.

> 말도 안 돼! 이보다 더 더러운 손이 있다면 내가 용서해 주지.

> 이 손이 더 더러우니 용서하실 거죠?

> 크, 이걸 용서해? 말아?

이번 주에 배울 한자

吉	凶	貧	富
좋을 길	흉할 흉	가난할 빈	부자 부

금주평가	읽 기	쓰 기	이번 주는?
	Ⓐ 아주 잘함	Ⓐ 아주 잘함	·학습방법 ① 매일매일 ② 가끔 ③ 한꺼번에 - 하였습니다.
	Ⓑ 잘함	Ⓑ 잘함	·학습태도 ① 스스로 잘 ② 시켜서 억지로 - 하였습니다.
	Ⓒ 보통	Ⓒ 보통	·학습흥미 ① 재미있게 ② 실증내며 - 하였습니다.
	Ⓓ 부족함	Ⓓ 부족함	·교재내용 ① 적합하고 ② 어렵다고 ③ 쉽다고 - 하였습니다.

♣ 지도 교사가 부모님께

♣ 부모님이 지도 교사께

종합평가	Ⓐ 아주 잘함	Ⓑ 잘함	Ⓒ 보통	Ⓓ 부족함

원교   반 이름   전화

😊 지난 주에 배운 한자를 다시 한 번 써 보세요.

굽을 곡	굽을 곡	굽을 곡	굽을 곡	굽을 곡
曲	曲	曲	曲	曲

곧을 직	곧을 직	곧을 직	곧을 직	곧을 직
直	直	直	直	直

열 개	열 개	열 개	열 개	열 개
開	開	開	開	開

닫을 폐	닫을 폐	닫을 폐	닫을 폐	닫을 폐
閉	閉	閉	閉	閉

😊 이번 주에 배울 한자를 큰 소리로 읽어 보세요.

凶
흉할 흉

吉
좋을 길

貧
가난할 빈

富
부자 부

 좋을 길(吉)에 대해 알아봅시다.

吉
좋을 길

길이라고 읽습니다.
좋다는 뜻입니다.

士
선비 사
口
입 구

점잖은 선비는 좋은 말만 합니다.

● 빈 칸에 알맞은 글을 쓰세요.

吉은 [　] 이라고 읽습니다.

[　][　] 는 뜻입니다.

😊 필순에 따라 吉을 바르게 쓰세요.

총 6획

吉	吉	吉	吉
吉	吉	吉	吉

●뜻과 음을 소리내어 읽으면서 吉을 쓰세요.

좋을 길	좋을 길	좋을 길	좋을 길	좋을 길
吉	吉	吉	吉	吉

●빈 칸에 알맞은 한자와 뜻, 음을 쓰세요.

吉		
한자	뜻	음

좋을	길
한자	뜻	음

😊 글을 읽고, 吉이 나오는 낱말을 알아봅시다.

까치는 예로부터 吉鳥(길조)로 불리워 왔어요.
깍깍 하고 까치가 울면 좋은 소식이 있을 것만 같지요.
까마귀가 울면 사람들은 不吉(불길)하게 생각해요.
또 어떤 사람들은 돼지 꿈을 吉夢(길몽)이라고 하여,
복권을 사기도 합니다. 하지만 그런 건 미신에 불과해요.
좋고 나쁜 것은 자기 마음에 달려 있거든요.

● 吉鳥(길조): 사람에게 좋은 일이 있음을 미리 알려 주는 새
● 不吉(불길): 좋지 못함 吉夢(길몽): 좋은 일이 생길 징조가 되는 꿈

😊 빈 칸에 알맞은 한자를 쓰세요.

길	조	길	몽	불	길
吉	鳥	吉	夢	不	吉
	鳥	吉	夢	不	

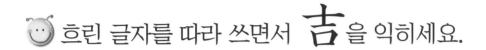
😊 흐린 글자를 따라 쓰면서 吉을 익히세요.

吉은 길 이라고 읽고, 좋다 라는 뜻입니다.

吉은 선비는 좋은 말을 해야 한다는

의미로 만들어진 한자입니다.

吉의 획수는 총 6 획입니다.

😊 뜻과 음을 크게 읽으면서, 吉을 쓰세요.

吉	吉	吉	吉	吉
吉	吉	吉	吉	吉

😊 吉은 입 구(口) 부수의 한자입니다.

士 + 口 = 吉
선비 사   입 구   좋을 길

선비는 좋은 말을 해야 한다는 뜻으로 만들어진 한자입니다.

😊 吉이 들어간 한자를 알아봅시다.

糸 + 吉 = 結
실 사변   좋을 길   맺을 결

끊어진 실을 연결하는 것은 열매를 맺는 것처럼 좋은 일입니다.

참고 結은 糸부수의 한자입니다.

😊 吉이 나오는 낱말을 찾아 ○표 하세요.

閉鎖   閉門   不吉   吉夢

흉할 흉(凶)에 대해 알아봅시다.

흉할 흉

흉이라고 읽습니다.
흉하다는 뜻입니다.

凵
✕

큰 사발이 흉하게 깨어졌습니다.

●빈 칸에 알맞은 글을 쓰세요.

凶은 [ ] 이라고 읽습니다.

[ ][ ][ ] 는 뜻입니다.

 C199b

😊 필순에 따라 凶을 바르게 쓰세요.

총 4획

凶 凶 凶 凶 凶

凶 凶 凶 凶 凶

● 뜻과 음을 소리내어 읽으면서 凶을 쓰세요.

흉할 흉	흉할 흉	흉할 흉	흉할 흉	흉할 흉
凶	凶	凶	凶	凶

● 빈 칸에 알맞은 한자와 뜻, 음을 쓰세요.

凶		
한자	뜻	음

	흉할	흉
한자	뜻	음

😊 글을 읽고, **凶**이 나오는 낱말을 알아봅시다.

> 심한 가뭄으로 우리 마을에 凶年(흉년)이 들었습니다.
> 사람들의 마음도 덩달아 凶暴(흉포)해지기 시작했습니다.
> 별것도 아닌 일로 서로 싸우기도 했습니다.
> "허 참, 곳간에서 인심 난다더니 그 말이 맞군."
> 아버지께서 혀를 차면서 말씀하셨습니다.
> 그 때, 또 싸움이 일어났다는 凶報(흉보)가 들어왔습니다.

● 凶年(흉년):농사를 망친 해 ● 凶暴(흉포):매우 흉악하고 난폭함
● 凶報(흉보):나쁜 소식

😊 빈 칸에 알맞은 한자를 쓰세요.

흉	년	흉	포	흉	보
凶	年	凶	暴	凶	報
	年		暴		報

😊 흐린 글자를 따라 쓰면서 凶을 익히세요.

凶은 흉이라고 읽고, 흉하다 라는 뜻입니다.

凶은 흉하게 깨진 그릇 모양을 나타낸 한자입니다.

凶의 획수는 총 4 획입니다.

😊 뜻과 음을 크게 읽으면서 凶을 쓰세요.

凶	凶	凶	凶	凶	凶
凶	凶	凶	凶	凶	凶

😊 凶은 凵부수의 한자입니다.

흉하게 깨진 그릇 모양을 나타낸 한자입니다.

😊 凶이 들어간 한자를 알아봅시다.

사람이 흉하게 생겨서 사납다는 뜻입니다.
참고 兇은 儿부수의 한자입니다.

😊 凶이 나오는 낱말을 찾아 ○표 하세요.

凶報　吉夢　凶年　吉鳥

😊 가난할 빈(貧)에 대해 알아봅시다.

貧
가난할 빈

빈이라고 읽습니다.
가난하다는 뜻입니다.

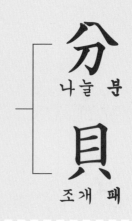

分
나눌 분

貝
조개 패

- -

많지 않은 조개껍질(옛날의 돈)을 여러 사람들이
나누어 가지다 보니 이제 가난해졌습니다.

● 빈 칸에 알맞은 글을 쓰세요.

貧은 ☐ 이라고 읽습니다.

☐☐ 하다는 뜻입니다.

😊 필순에 따라 貧을 바르게 쓰세요.

총 11획

貧	貧	貧	貧	貧
貧	貧	貧	貧	貧

● 뜻과 음을 소리내어 읽으면서 貧을 쓰세요.

가난할 빈	가난할 빈	가난할 빈	가난할 빈	가난할 빈
貧				

● 빈 칸에 알맞은 한자와 뜻, 음을 쓰세요.

貧		
한자	뜻	음

	가난할	빈
한자	뜻	음

😊 글을 읽고, **貧**이 나오는 낱말을 알아봅시다.

> 황희 정승은 참으로 淸貧(청빈)한 분이었습니다.
> 높은 자리에 있으면서도, 항상 남루한 옷을 입고 지냈습니다.
> 집도 수리하지 않아서 비가 샜습니다.
> 그리고 돈을 아껴 貧困(빈곤)한 사람들을 도왔습니다.
> 많은 사람들이 황희를 존경했습니다.
> 그는 貧者(빈자)였지만, 마음은 부자였습니다.

● 淸貧(청빈):가난하지만 마음이 깨끗함
● 貧困(빈곤):가난하여 살림이 어려움 ● 貧者(빈자):가난한 사람

😊 빈 칸에 알맞은 한자를 쓰세요.

청	빈	빈	곤	빈	자
淸	貧	貧	困	貧	者
淸			困		者

😊 흐린 글자를 따라 쓰면서 **貧** 을 익히세요.

貧 은 빈 이라고 읽고, 가난하다 라는 뜻입니다.

貧 은 작은 돈 을 그나마 다른 사람 들과 나누었더니

가난해졌다 는 의미로 만들어진 한자입니다.

貧 의 획수는 총 11 획입니다.

😊 뜻과 음을 크게 읽으면서, 貧을 쓰세요.

貧	貧	貧	貧	貧
貧	貧	貧	貧	貧

貧은 조개 패(貝)부수의 한자입니다.

 分
나눌 분
+
 貝
조개 패
=
 貧
가난할 빈

작은 돈을 그나마 다른 사람들과 나누었더니
가난해졌다는 뜻의 한자입니다.

한자의 음을 쓰고, 맞는 것끼리 연결하세요.

淸貧 ( )•   • 가난하여 살림이 어려움

貧困 ( )•   • 가난한 사람

貧者 ( )•   • 가난하지만 마음이 깨끗함

貧이 나오는 낱말을 찾아 ○표 하세요.

凶報　凶年　貧困　淸貧

😊 부자 부(富)에 대해 알아봅시다.

富
부자 부

부라고 읽습니다.
부자라는 뜻입니다.

宀 갓머리
畐 가득찰 복

부자의 집안에 복이 가득 차 있습니다.

● 빈 칸에 알맞은 글을 쓰세요.

富는 [　] 라고 읽습니다.

[　][　] 라는 뜻입니다.

 C2O4b

😊 필순에 따라 富를 바르게 쓰세요.

富	富	富	富	富
富	富	富	富	富

● 뜻과 음을 소리내어 읽으면서 富를 쓰세요.

부자 부	부자 부	부자 부	부자 부	부자 부
富	富	富	富	富

● 빈 칸에 알맞은 한자와 뜻, 음을 쓰세요.

富				부자	부
한자	뜻	음	한자	뜻	음

😊 글을 읽고, **富**가 나오는 낱말을 알아봅시다.

富者(부자)라고 해서
다 행복한 것은 아니랍니다.
돈은 많지 않아도
마음이 富裕(부유)한 사람이
참으로 富貴(부귀)하고
행복한 사람이랍니다.

● 富者(부자):재산이 많은 사람 ● 富裕(부유):재산이 많아서 넉넉함
● 富貴(부귀):재산이 많고 사회적 지위가 높음.

😊 빈 칸에 알맞은 한자를 쓰세요.

부	자	부	유	부	귀
富	者	富	裕	富	貴
	者		裕		貴

😊 흐린 글자를 따라 쓰면서 富를 익히세요.

富 는 부 라고 읽고, 부자 라는 뜻입니다.

富 는 집안이 재물로 가득 찬 부자의 집을

나타낸 한자입니다.

富 의 획수는 총 12 획입니다.

😊 뜻과 음을 크게 읽으면서, 富를 쓰세요.

富	富	富	富	富
富	富	富	富	富

😊 **富**는 갓머리(宀) 부수의 한자입니다.

宀	+	畐	=	富
갓머리		가득 찰 복		부자 부

집안이 재물로 가득 찬 부자의 집을 나타낸 한자입니다.

😊 한자의 음을 쓰고, 맞는 것끼리 연결하세요.

富者(　　) •　　　• 재산이 많아서 넉넉함

富裕(　　) •　　　• 재산이 많고 사회적
　　　　　　　　　　지위가 높음

富貴(　　) •　　　• 재산이 많은 사람

😊 富가 나오는 낱말을 찾아 ○표 하세요.

貧困　　富貴　　清貧　　富者

😊 뜻과 음을 읽으면서, 이번 주에 배운 한자를 쓰세요.

좋을 길	좋을 길	좋을 길	좋을 길	좋을 길
吉	吉	吉	吉	吉

흉할 흉	흉할 흉	흉할 흉	흉할 흉	흉할 흉
凶	凶	凶	凶	凶

가난할 빈	가난할 빈	가난할 빈	가난할 빈	가난할 빈
貧	貧	貧	貧	貧

부자 부	부자 부	부자 부	부자 부	부자 부
富	富	富	富	富

서로 관계 있는 그림과 한자를 선으로 이으세요.

C2O7b

😊 신문 제호를 읽고 빈칸에 한자의 음을 쓰세요.

한국 경제 不吉 하다!

사상 최악의 凶年

清貧한 공무원에게 표창

富者에게 더 많은 세금을

不吉 --------- (　　　　　), 凶年 --------- (　　　　　)

清貧 --------- (　　　　　), 富者 --------- (　　　　　)

😊 빈 칸에 알맞은 한자를 쓰세요.

길	몽
	夢

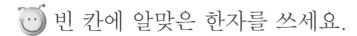

흉	년
	年

빈	곤
	困

부	유
	裕

😊 동화를 읽고, 빈 칸에 알맞은 한자를 쓰세요.

거짓말만 잘하면 되지요

富者이지만, 모습이 凶하고 貧困한 사람에게
매우 거만한 부인이 있었다. 그러나 자기를 칭찬하는 말을 하면
매우 좋아했다.
어느 날, 파티에서 한 젊은이가 부인에게 말을 걸었다.
"부인은 너무 아름답고, 기품이 넘쳐납니다.
어제 吉夢을 꾸었더니, 부인 같은 분을 만나게 되는군요."
이 말을 듣고, 부인은 매우 기분이 좋았다.
"어머! 말씀도 참 잘하시네요. 어쩜 그렇게 말씀을 잘하세요?
비결 좀 가르쳐 주세요."
젊은이는 부인의 말을 냉큼 되받았다.
"비결이라기보다…음… 거짓말을 하다보면 그렇게 되지요."
"뭐 뭐라구요!"

좋을 길	흉할 흉	가난할 빈	부자 부

😊 필순에 따라 왼쪽의 한자를 쓰고, 획수를 써보세요.

길	吉				획

흉	凶				획

빈	貧				획

부	富				획

서로 알맞은 것끼리 선을 이으세요.

吉　凶　貧　富

부자　좋을　흉할　가난할

부　빈　흉　길

😊 빈 칸에 알맞은 한자를 쓰고, 뜻을 익혀 보세요.

입	춘	대	길
立	春	大	

입춘 때 대문에 써 붙이는
: 글씨로서, 입춘을 맞아 매우
좋은 일만 있으라는 뜻.

길	흉	화	복
吉		禍	福

좋고 나쁘고 재앙과 복이란
: 말로써, 사람의 운세를 뜻함.

빈	곤	망	상
	困	忘	想

: 스스로 가난하다는 헛된 생각.

삼대

부	자
	者

할아버지, 아버지가 다 부자였더라도
없다 : 아들이 노력하지 않으면 부를 지킬
수 없음.

 야자 같은 머리통 때문에

한석봉
기탄 한자

이번 주에 배울 한자

遠	近	强	弱
멀 원	가까울 근	강할 강	약할 약

금주평가	읽 기	쓰 기	이번 주는?
	Ⓐ 아주 잘함	Ⓐ 아주 잘함	· 학습방법 ① 매일매일 ② 가끔 ③ 한꺼번에 - 하였습니다.
	Ⓑ 잘함	Ⓑ 잘함	· 학습태도 ① 스스로 잘 ② 시켜서 억지로 - 하였습니다.
	Ⓒ 보통	Ⓒ 보통	· 학습흥미 ① 재미있게 ② 싫증내며 - 하였습니다.
	Ⓓ 부족함	Ⓓ 부족함	· 교재내용 ① 적합하다고 ② 어렵다고 ③ 쉽다고 - 하였습니다.

♣ 지도 교사가 부모님께	♣ 부모님이 지도 교사께

종합평가	Ⓐ 아주 잘함	Ⓑ 잘함	Ⓒ 보통	Ⓓ 부족함

원교 　　　반 이름 　　　전화

😊 지난 주에 배운 한자를 큰 소리로 읽으면서 써 보세요.

좋을길	좋을길	좋을길	좋을길	좋을길
吉	吉	吉	吉	吉

흉할흉	흉할 흉	흉할 흉	흉할 흉	흉할 흉
凶	凶	凶	凶	凶

가난할 빈	가난할 빈	가난할 빈	가난할 빈	가난할 빈
貧	貧	貧	貧	貧

부자부	부자부	부자부	부자부	부자부
富	富	富	富	富

😊 이번 주에 배울 한자를 큰 소리로 읽어 보세요.

强 강할 강

遠 멀 원

弱 약할 약

近 가까울 근

😊 멀 원(遠)에 대해 알아봅시다.

遠

멀 원

원이라고 읽습니다.

멀다는 뜻입니다.

辶 갈 착

袁 긴옷 원

가야할 길이 긴 옷이 늘어진 것처럼 멉니다.

• 멀 원은 遠으로도 통용됩니다.

• 빈 칸에 알맞은 글을 쓰세요.

遠은 ☐ 이라고 읽습니다.

☐☐ 는 뜻입니다.

😊 필순에 따라 遠을 바르게 쓰세요.

총 14획

遠	遠	遠	遠
遠	遠	遠	遠

●뜻과 음을 소리내어 읽으면서 遠을 쓰세요.

멀 원	멀 원	멀 원	멀 원	멀 원
遠	遠	遠	遠	遠

●빈 칸에 알맞은 한자와 뜻, 음을 쓰세요.

遠		
한자	뜻	음

	멀	원
한자	뜻	음

Content

글을 읽고, **遠**이 나오는 낱말을 알아봅시다.

우리 나라는 3면이 바다입니다.
바다로 진출하기 쉽기 때문에
遠洋(원양) 어업이 발달했습니다.
그리고 어업이 점점 더 발전하고 있습니다.
어군 탐지기로 遠隔操縱(원격 조종)하여,
물고기가 있는 곳을 쉽게 찾아 내기도 합니다.

● 遠洋(원양):육지에서 멀리 떨어져 있는 바다
● 遠隔操縱(원격 조종):멀리 떨어져 있는 기계 장치를 자동으로 조종하는 일

빈 칸에 알맞은 한자를 쓰세요.

원	양	원	격	조	종
遠	洋	遠	隔	操	縱
	洋		隔	操	縱

😊 흐린 글자를 따라 쓰면서 遠을 익히세요.

遠은 원 이라고 읽고, 멀다 라는 뜻입니다.

遠은 옷이 긴 것처럼 멀리 있는 곳으로 간다 는

의미로 만들어진 한자입니다.

遠의 획수는 총 14 획입니다.

😊 뜻과 음을 크게 읽으면서, 遠을 쓰세요.

遠	遠	遠	遠	遠
遠	遠	遠	遠	遠

😊 遠은 갈 착(辶) 부수의 한자입니다.

辶	+	袁	=	遠
갈 착		긴옷 원		멀 원

옷이 긴 것처럼 멀리 있는 곳으로 간다는 뜻의 한자입니다.

😊 한자의 음을 쓰고, 맞는 것끼리 연결하세요.

遠洋(　　) •

遠隔操縱
(　　　) •

• 멀리 떨어져 있는 기계 장치를 자동으로 조종하는 일

• 육지에서 멀리 떨어져 있는 바다

😊 遠이 나오는 낱말을 찾아 ○표 하세요.

富者　　遠隔操縱　　遠洋

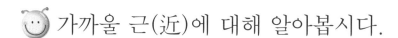 가까울 근(近)에 대해 알아봅시다.

 가까울 근

근이라고 읽습니다.
가깝다는 뜻입니다.

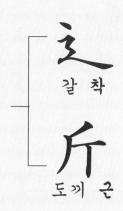
辶 갈 착
斤 도끼 근

바로 가서 도끼로 찍을 수 있을 만큼 가깝습니다.

● 가까울 근은 近으로도 통용됩니다.

● 빈 칸에 알맞은 글을 쓰세요.

近은 [　] 이라고 읽습니다.

[　][　][　] 는 뜻입니다.

😊 필순에 따라 近을 바르게 쓰세요.

총 8획

近	近	近	近	近
近	近	近	近	近

● 뜻과 음을 소리내어 읽으면서 近을 쓰세요.

가까울 근	가까울 근	가까울 근	가까울 근	가까울 근
近	近	近	近	近

● 빈 칸에 알맞은 한자와 뜻, 음을 쓰세요.

近		
한자	뜻	음

	가까울	근
한자	뜻	음

😊 글을 읽고, **近**이 나오는 낱말을 알아봅시다.

우리 선생님께서 시집을 펴낼 예정입니다.
近間(근간)에 예쁜 시집이 출판될 것입니다.
다른 반 선생님께서는 그림 전시회를 열었습니다.
경복궁 近景(근경)을 그린 것들이 대부분이랍니다.
最近(최근)에는 선생님들께서 예술 작품에
많은 관심을 가지고 있는 것 같습니다.

● 近間(근간):요사이 ● 近景(근경):가까이 보이는 경치
● 最近(최근):지금과 아주 가까운 시기

😊 빈 칸에 알맞은 한자를 쓰세요.

근	간		근	경		최	근
近	間		近	景		最	近
	間			景			最

😊 흐린 글자를 따라 쓰면서 近을 익히세요.

近은 근 이라고 읽고, 가깝다 라는 뜻입니다.

近은 나무가 도끼로 바로 찍을 만큼 가까운 곳에 있다 는

의미로 만들어진 한자입니다.

近의 획수는 총 8 획입니다.

😊 뜻과 음을 크게 읽으면서 近 을 쓰세요.

近	近	近	近	近
近	近	近	近	近

😊 近은 갈 착(辶) 부수의 한자입니다.

辶
갈 착
+
斤
도끼 근
=
近
가까울 근

나무가 도끼로 바로 찍을 만큼 가까운 곳에 있다는 뜻의 한자입니다.

😊 한자의 음을 쓰고, 맞는 것끼리 연결하세요.

近間 (　　) ·

近景 (　　) ·

最近 (　　) ·

· 지금과 아주 가까운 사이

· 요사이

· 가까운 곳의 경치

😊 近이 나오는 한자를 찾아 ○표 하세요.

近間　　最近　　遠隔操縱

😊 강할 강(强)에 대해 알아봅시다.

强
강할 강

강이라고 읽습니다.
강하다는 뜻입니다.

弓
활 궁

虽
벌레 충

─────────────────────

사슴벌레는 둥글고 강한 껍질을 가지고 있습니다.

● 빈 칸에 알맞은 글을 쓰세요.

强은 ☐ 이라고 읽습니다.

☐ ☐ ☐ 는 뜻입니다.

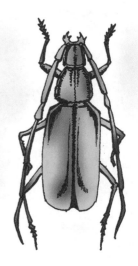

😊 필순에 따라 強을 바르게 쓰세요.

총 12획

强	强	强	强	强
强	强	强	强	强

● 뜻과 음을 소리내어 읽으면서 强을 쓰세요.

강할 강	강할 강	강할 강	강할 강	강할 강
强	强	强	强	强

● 빈 칸에 알맞은 한자와 뜻, 음을 쓰세요.

强		
한자	뜻	음

	강할	강
한자	뜻	음

😊 글을 읽고, **强**이 나오는 낱말을 알아봅시다.

야구 선수인 기탄이는 몸을 단련하기 위해
强力(강력)한 훈련을 시작했습니다.
한 달이 지나자 기탄이의 몸은 强健(강건)해졌습니다.
다른 학교와 야구 시합을 할 때였습니다.
기탄이는 타자로 나서서 상대편 투수를
强攻(강공)했습니다.

● 强力(강력):효과나 작용이 강함. ● 强健(강건):몸이 튼튼하고 굳셈.
● 强攻(강공):적극적으로 공격함.

😊 빈 칸에 알맞은 한자를 쓰세요.

강	력	강	건	강	공
强	力	强	健	强	攻
	力		健		攻

😊 흐린 글자를 따라 쓰면서 强을 익히세요.

强은 강 이라고 읽고, 강하다 라는 뜻입니다.

强은 껍질이 활처럼 둥글고 강한 벌레를

나타내는 한자입니다.

强의 획수는 총 12 획입니다.

😊 뜻과 음을 크게 읽으면서, 强을 쓰세요.

强	强	强	强	强
强	强	强	强	强

🐝 强은 활 궁(弓)부수의 한자입니다.

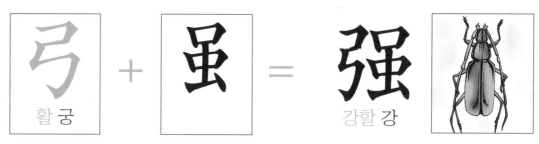

弓 활 궁 + 虽 = 强 강할 강

껍질이 활처럼 둥글고 강한 벌레를 나타내는 한자입니다.

🐝 한자의 음을 쓰고, 맞는 것끼리 연결하세요.

强力 ( )⦁   ⦁ 적극적으로 공격함

强健 ( )⦁   ⦁ 효과나 작용이 강함.

强攻 ( )⦁   ⦁ 몸이 튼튼하고 굳셈.

🐝 强이 나오는 한자를 찾아 ○표 하세요.

近間 强攻 强力 最近

😊 약할 약(弱)에 대해 알아봅시다.

약할 약

약이라고 읽습니다.
약하다는 뜻입니다.

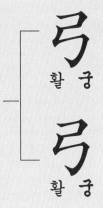

활 궁

활 궁

활 두 개가 부러져서 고쳐 놓았지만, 약해 보입니다.

● 빈 칸에 알맞은 글을 쓰세요.

弱은 □ 이라고 읽습니다.

 는 뜻입니다.

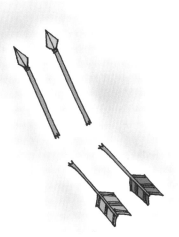

총 10획

😊 필순에 따라 弱을 바르게 쓰세요.

弱	弱	弱	弱	弱
弱	弱	弱	弱	弱

● 뜻과 음을 소리내어 읽으면서 弱을 쓰세요.

약할 약	약할 약	약할 약	약할 약	약할 약
弱	弱	弱	弱	弱

● 빈 칸에 알맞은 한자와 뜻, 음을 쓰세요.

弱		
한자	뜻	음

	약할	약
한자	뜻	음

😊 글을 읽고, **弱**이 나오는 낱말을 알아봅시다.

수희는 감기에 걸려서 몸이 매우 衰弱(쇠약)해졌습니다.
평소에도 수희는 몸이 약해서 활동적이지 못했습니다.
"수희야, 넌 너무 弱骨(약골)이야. 운동 좀 해."
보다 못한 준이가 말했지만 소용이 없었습니다.
수희는 몸도 약했지만, 너무 心弱(심약)하여
운동하는 것에 대해 겁을 냈습니다.

● 衰弱(쇠약):힘이 줄어들고 몸이 약해짐
● 弱骨(약골):몸이 약한 사람 ● 心弱(심약):마음이 여리고 약함

😊 빈 칸에 알맞는 한자를 쓰세요.

쇠	약	약	골	심	약
衰	弱	弱	骨	心	弱
衰			骨	心	

😊 흐린 글자를 따라 쓰면서 弱을 익히세요.

弱은 약 이라고 읽고, 약하다 라는 뜻입니다.

弱은 부러져서 고친 활은 약하다 는

것을 나타낸 한자입니다.

弱의 획수는 총 10 획입니다.

😊 뜻과 음을 크게 읽으면서, 弱을 쓰세요.

弱	弱	弱	弱	弱	弱
弱	弱	弱	弱	弱	弱

😊 弱은 활 궁(弓)부수의 한자입니다.

弓	+	弓	=	弱
활 궁		활 궁		약할 약

부러져서 고친 활은 약하다는 것을 나타낸 한자입니다.

😊 한자의 음을 쓰고, 맞는 것끼리 연결하세요.

衰弱 (　　)　•　　　•　마음이 여리고 약함

弱骨 (　　)　•　　　•　몸이 약한 사람

心弱 (　　)　•　　　•　힘이 줄어들고 약해짐

😊 弱이 나오는 한자를 찾아 ○표 하세요.

心弱　强攻　强力　衰弱

😊 뜻과 음을 읽으면서, 이번 주에 배운 한자를 쓰세요.

멀 원	멀 원	멀 원	멀 원	멀 원
遠	遠	遠	遠	遠

가까울 근	가까울 근	가까울 근	가까울 근	가까울 근
近	近	近	近	近

강할 강	강할 강	강할 강	강할 강	강할 강
强	强	强	强	强

약할 약	약할 약	약할 약	약할 약	약할 약
弱	弱	弱	弱	弱

서로 맞는 것끼리 선을 이어 보세요.

😊 신문 제호를 읽고 빈 칸에 한자의 음을 쓰세요.

정부, 遠洋어업을 지원한다.

最近에 실업자 급증

心弱함 때문에 금메달 놓쳐

이 賞의 진상은…

신지식, 일본팀에 强攻

遠洋 ┈┈ (   ), 最近 ┈┈ (   )

心弱 ┈┈ (   ), 强攻 ┈┈ (   )

😊 빈 칸에 알맞은 한자를 쓰세요.

원	양
	洋

근	간
	間

강	력
	力

쇠	약
衰	

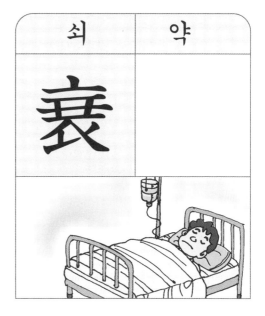

😊 동화를 읽고, 빈 칸에 알맞은 글을 쓰세요.

내 아버지는 부자가 아니야

미국의 큰 부자 록펠러에 관한 이야기입니다.
록펠러는 출장을 갈 때면
늘 사무실 近處에 있는 고급 호텔이 아닌,
遠거리에 있는 허름한 여관에 묵곤했다.
그를 따라 다니는 비서는 그것이 불만스러웠다.
그래서 고급 호텔로 가자고 强力하게 주장했다.
"사장님 아들은 늘 고급 호텔에서 묵는데
왜 사장님은 왜 그렇게 허름하고, 곧 쓰러질 것처럼
기둥이 弱한 여관에 묵으시는 겁니까?"
이 말을 듣고난 록펠러는 비서에게 이렇게 말했다.
"내 아들에겐 돈 많은 아버지가 있지만, 난 그렇지 못하거든."

강할 강	약할 약	멀 원	가까울 근

필순에 따라 왼쪽의 한자를 쓰고, 획수를 써 보세요.

원	遠				획

근	近				획

강	强				획

약	弱				획

😊 서로 알맞은 것끼리 선을 이으세요.

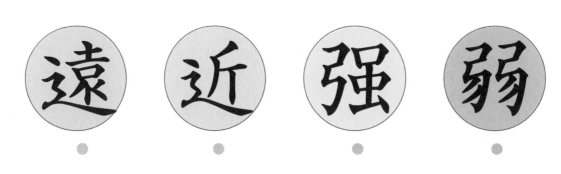

😊 빈 칸에 알맞은 한자를 쓰고, 뜻을 익혀 보세요.

원	화	소	복
	禍	召	福

: 화를 멀리하고 복을 부른다는 뜻.

원	교	근	공
遠	交		攻

: 먼 나라와는 친하게 지내고, 가까운 나라를 공격한다는 병법.

강	근	지	친
	近	之	親

: 아주 가까운 일가 친척.

약	육	강	식
	肉	强	食

: 강한 자가 약한 자를 잡아 먹는다는 뜻.

 이 외투 좀 실어 주실래요?

弱한 몸으로 遠거리에 있는 집까지 걸어가기엔… 버스비도 없고…

아저씨, 잠깐만요!

제 외투를 시내 近處(근처)까지만 실어 주실래요?

그 정도야 해 드리지요.

고맙습니다.

그런데 외투를 누구에게 전해 주죠?

걱정하지 마세요.

제가 그 외투 속에 들어가 있을 거예요.

뭐, 뭐라구요? 強敵(강적)이닷.

이번 주에 배울 한자

可	否	晝	夜
옳을 가	아니 부	낮 주	밤 야

금주평가	읽 기	쓰 기	이번 주는?
	Ⓐ 아주 잘함	Ⓐ 아주 잘함	·학습방법 ① 매일매일 ② 가끔 ③ 한꺼번에 - 하였습니다.
	Ⓑ 잘함	Ⓑ 잘함	·학습태도 ① 스스로 잘 ② 시켜서 억지로 - 하였습니다.
	Ⓒ 보통	Ⓒ 보통	·학습흥미 ① 재미있게 ② 실증내며 - 하였습니다.
	Ⓓ 부족함	Ⓓ 부족함	·교재내용 ① 적합하다고 ② 어렵다고 ③ 쉽다고 - 하였습니다.

♣ 지도 교사가 부모님께	♣ 부모님이 지도 교사께

종합평가	Ⓐ 아주 잘함	Ⓑ 잘함	Ⓒ 보통	Ⓓ 부족함

원
교 　　　반 이름 　　　전화

😊 지난 주에 배운 한자를 큰 소리로 읽으면서 써 보세요.

멀 원	멀 원	멀 원	멀 원	멀 원
遠	遠	遠	遠	遠

가까울 근	가까울 근	가까울 근	가까울 근	가까울 근
近	近	近	近	近

강할 강	강할 강	강할 강	강할 강	강할 강
强	强	强	强	强

약할 약	약할 약	약할 약	약할 약	약할 약
弱	弱	弱	弱	弱

😊 이번 주에 배울 한자를 큰 소리로 읽어 보세요.

晝
낮 주

夜
밤 야

否
아니 부

可
옳을 가

😊 옳을 가(可)에 대해 알아봅시다.

可

옳을 가

가 라고 읽습니다.
옳다 는 뜻입니다.

口
입 구

丁
어여쁠 교

옳은 말은 예쁘게 하는 법입니다.

●빈 칸에 알맞은 글을 쓰세요.

可는 [ ] 라고 읽습니다.

[ ][ ] 는 뜻입니다.

😊 필순에 따라 可를 바르게 쓰세요.

총 5획

可	可	可	可	可
可	可	可	可	可

● 뜻과 음을 소리내어 읽으면서 可를 쓰세요.

옳을 가	옳을 가	옳을 가	옳을 가	옳을 가
可				

● 빈 칸에 알맞은 한자와 뜻, 음을 쓰세요.

可			옳을	가
한자	뜻	음	한자	뜻	음

😊 글을 읽고, 可가 나오는 낱말을 알아봅시다.

나의 겨울 방학 계획표를 보시고 아버지께서 웃으셨습니다.
"이게 뭐니? 잠 자는 시간과 노는 시간은 전혀 없잖아.
可能(가능)한 계획을 세워야지."
그리고 보니 계획표 대로 하기엔 不可(불가)했습니다.
"그러게요. 可當(가당)치도 않은 계획을 세워 놓았네요."
어머니께서도 한 말씀 하셨습니다.

● 可能(가능):할 수 있음 ● 不可(불가):할 수 없음
● 可當(가당):합당함

😊 빈 칸에 알맞은 한자를 쓰세요.

가	능	불	가	가	당
可	能	不	可	可	當
	能	不			當

😊 흐린 글자를 따라 쓰면서 可 를 익히세요.

可 는 가 라고 읽고, 옳다 라는 뜻입니다.

可 는 말하는 것이 옳다 는 의미로 만들어진 한자입니다.

可 의 획수는 총 5 획입니다.

😊 뜻과 음을 크게 읽으면서, 可를 쓰세요.

可	可	可	可	可	可
可	可	可	可	可	可

😊 **可**는 입 구(口) 부수의 한자입니다.

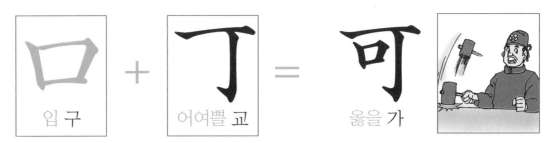

口	+	丁	=	可
입 구		어여쁠 교		옳을 가

말하는 것이 옳다는 뜻의 한자입니다.

참고 어여쁠 교의 바른 한자는 巧입니다.

😊 한자의 음을 쓰고, 맞는 것끼리 연결하세요.

可能 (   ) •   • 할 수 없음

不可 (   ) •   • 할 수 있음

可當 (   ) •   • 합당함

😊 可가 나오는 한자를 찾아 ○표 하세요.

可能　弱骨　心弱　不可

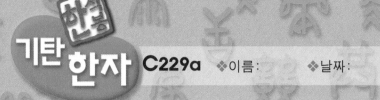
😊 아니 부(否)에 대해 알아봅시다.

否
아니 부

부라고 읽습니다.
아니라는 뜻입니다.

不
아니 불

口
입 구

입으로 아니라고 부정합니다.

●빈 칸에 알맞은 글을 쓰세요.

否는 [　] 라고 읽습니다.

[　][　] 라는 뜻입니다.

총 7획

😊 필순에 따라 否를 바르게 쓰세요.

否	否	否	否	否
否	否	否	否	否

● 뜻과 음을 소리내어 읽으면서 否를 쓰세요.

아니 부	아니 부	아니 부	아니 부	아니 부
否	否	否	否	否

● 빈 칸에 알맞은 한자와 뜻, 음을 쓰세요.

否		
한자	뜻	음

	아니	부
한자	뜻	음

😊 글을 읽고, 否가 나오는 낱말을 알아봅시다.

반액으로 극장에 들어 가려다 拒否(거부)당했습니다.
"어린이는 반액이라고 했잖아요."
관리인은 8세 이하만 어린이로 취급한다면서
否定(부정)했습니다.
11세인 내가 8세가 넘지 않았다고
否認(부인)할 수도 없었습니다.

●拒否(거부):승낙하지 아니함 ●否定(부정):그렇다고 수긍하지 아니함
●否認(부인):시인하지 않음

😊 빈 칸에 알맞은 한자를 쓰세요.

거	부	부	정	부	인
拒	否	否	定	否	認
拒			定		認

😊 흐린 글자를 따라 쓰면서 否를 익히세요.

否는 부라고 읽고, 아니 라는 뜻입니다.

否는 입으로 아니라고 말을 한다는

의미로 만들어진 한자입니다.

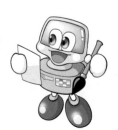

否의 획수는 총 7 획입니다.

😊 뜻과 음을 크게 읽으면서 否를 쓰세요.

否	否	否	否	否	否
否	否	否	否	否	否

😀 否는 입 구(口) 부수의 한자입니다.

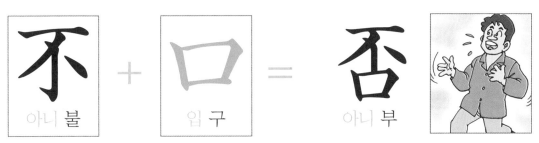

不 아니 불 **+** **口** 입 구 **=** **否** 아니 부

입으로 아니라고 말을 한다는 뜻의 한자입니다.

😀 한자의 음을 쓰고, 맞는 것끼리 연결하세요.

拒否 (　　) •　　• 승낙하지 아니함

否定 (　　) •　　• 시인하지 아니함

否認 (　　) •　　• 그렇다고 수긍하지 아니함

😀 否가 들어 있는 낱말을 찾아 ○표 하세요.

可能　拒否　不可　否認

😊 낮 주(晝)에 대해 알아봅시다.

晝
낮 주

주라고 읽습니다.
낮이라는 뜻입니다.

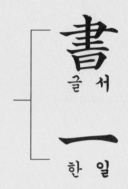

書
글 서

一
한 일

환한 낮에 글씨를 씁니다.

● 빈 칸에 알맞은 글을 쓰세요.

晝는 ☐ 라고 읽습니다.

☐ 이라는 뜻입니다.

😊 필순에 따라 畫를 바르게 쓰세요.

총 11획

●뜻과 음을 소리내어 읽으면서 畫를 쓰세요.

낮 주 | 낮 주 | 낮 주 | 낮 주 | 낮 주

●빈 칸에 알맞은 한자와 뜻, 음을 쓰세요.

畫		
한자	뜻	음

	낮	주
한자	뜻	음

😊 글을 읽고, **晝**가 나오는 낱말을 알아봅시다.

우리 아버지는 건물 경비 일을 하고 계십니다.
그래서 晝間(주간)에는 주무시고, 밤에 일을 하십니다.
어떤 때에는 晝夜(주야) 24시간 근무를 하시기도 합니다.
나는 아버지가 피곤해 하시는 것을 보면, 마음이 아픕니다.
사람은 야행성 동물과 달리
晝行(주행)해야만, 건강을 유지할 수 있기 때문입니다.

●晝間(주간):낮 동안 ●晝夜(주야):밤과 낮
●晝行(주행):낮에 활동함

😊 빈 칸에 알맞은 한자를 쓰세요.

주	간	주	야	주	행
晝	間	晝	夜	晝	行
	間		夜		行

😊 흐린 글자를 따라 쓰면서 晝 를 익히세요.

晝 는 주 라고 읽고, 낮 이라는 뜻입니다.

晝 는 낮에 붓을 들고 글을 써야만 바른

글을 쓸 수 있다 는 의미로 만들어진 한자입니다.

晝 의 획수는 총 11 획입니다.

😊 뜻과 음을 크게 읽으면서, 晝를 쓰세요.

晝	晝	晝	晝	晝	晝
晝	晝	晝	晝	晝	晝

😊 晝는 날 일(日) 부수의 한자입니다.

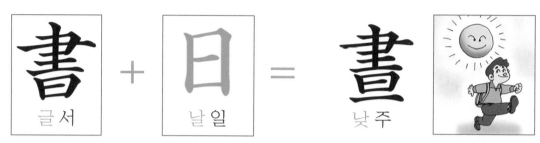

書	+	日	=	晝
글 서		날 일		낮 주

낮에 붓을 들고 글을 써야만 바른 글을 쓸 수 있다는 뜻의 한자입니다.

😊 한자의 음을 쓰고, 맞는 것끼리 연결하세요.

晝間 (　　) •　　• 밤과 낮

晝夜 (　　) •　　• 낮에 활동함

晝行 (　　) •　　• 낮 동안

😊 晝가 나오는 한자를 찾아 ○표 하세요.

晝間　否認　晝行　拒否

밤 야(夜)에 대해 알아봅시다.

 夜 밤 야

아라고 읽습니다.
밤이라는 뜻입니다.

宀
夕
저녁 석

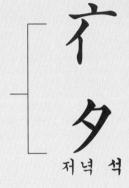

저녁이 지나고 밤이 되어 갓 쓴 사람이 외출합니다.

● 빈 칸에 알맞은 글을 쓰세요.

夜는 □ 라고 읽습니다.

□ 이라는 뜻입니다.

😊 필순에 따라 夜를 바르게 쓰세요.

총 8획

夜	夜	夜	夜
夜	夜	夜	夜	夜

● 뜻과 음을 소리내어 읽으면서 夜를 쓰세요.

밤 야	밤 야	밤 야	밤 야	밤 야
夜	夜	夜	夜	夜

● 빈 칸에 알맞은 한자와 뜻, 음을 쓰세요.

夜		
한자	뜻	음

	밤	야
한자	뜻	음

😊 글을 읽고, **夜**가 나오는 낱말을 알아봅시다.

서울 夜景(야경)을 구경할 수 있는 관광 상품이 있습니다.
深夜(심야)에 버스를 타고 다니면서,
시내 구경을 즐기는 것입니다.
주로 외국인들이 이 관광을 즐긴다고 합니다.
夜間(야간)에 그 나라의 특징이
가장 잘 나타나기 때문일 것입니다.

● 夜景(야경):밤 풍경
● 深夜(심야):깊은 밤 ● 夜間(야간):밤 동안.

😊 빈 칸에 알맞은 한자를 쓰세요.

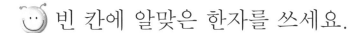

야	경	심	야	야	간
夜	景	深	夜	夜	間
	景	深			間

😊 흐린 글자를 따라 쓰면서 夜를 익히세요.

夜는 야라고 읽고, 밤이라는 뜻입니다.

夜는 갓 쓴 사람이 저녁을 먹고 길을 나서니,

이미 밤이 되었다는 의미로 만들어진 한자입니다.

夜의 획수는 총 8획입니다.

😊 뜻과 음을 크게 읽으면서, 夜를 쓰세요.

夜	夜	夜	夜	夜
夜	夜	夜	夜	夜	夜

😀 夜는 저녁 석(夕)부수의 한자입니다.

亠 + 夕 = 夜
　　　저녁 석　　밤 야

갓 쓴 사람이 저녁을 먹고 길을 나서니, 이미 밤이 되었다는
뜻의 한자입니다.

😀 夜가 들어간 한자를 알아봅시다.

氵 + 夜 = 液
물 수변　　밤 야　　즙 액

깜깜한 과일 속에서 나오는 물이 즙입니다.

😀 夜가 나오는 낱말을 찾아 ○표 하세요.

畫間　夜景　晝行　深夜

😊 뜻과 음을 읽으면서, 이번 주에 배운 한자를 쓰세요.

옳을 가	옳을 가	옳을 가	옳을 가	옳을 가
可				

아니 부	아니 부	아니 부	아니 부	아니 부
否				

낮 주	낮 주	낮 주	낮 주	낮 주
晝				

밤 야	밤 야	밤 야	밤 야	밤 야
夜				

서로 맞는 것끼리 선을 이어 보세요.

신문 제호를 읽고 빈칸에 한자의 음을 쓰세요.

DDT, 시판 不可 판정

전면 否認한 용의자

晝間에도 모기 설쳐

이 賞의 진상은…

深夜 버스가 모자란다

不可 ---------- (　　　　), 否認 ---------- (　　　　)

晝間 ---------- (　　　　), 深夜 ---------- (　　　　)

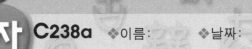

😊 빈 칸에 알맞은 한자를 쓰세요.

가	능
	能

부	정
	定

주	간
	間

야	경
	景

😊 동화를 읽고, 빈 칸에 알맞은 한자를 쓰세요.

달걀 세우기

콜럼버스가 젊었을 때의 일이다.
친구들과 대화를 하던 중 누군가가 달걀을 세울 수 있느냐고 했다.
모두 달걀을 탁자 위에 세워보려고 했지만, 소용이 없었다.
"不可能(불가능)한 일이야.
내가 晝夜로 연구해 보았지만 안 되더라구."
문제를 낸 친구가 웃으면서 말했다. 그러자 콜럼버스는
달걀을 하나 들더니 달걀 밑둥을 깨뜨린 다음, 책상 위에 세웠다.
"자! 달걀 세우기에 성공했다."
친구들이 깨뜨린 달걀을 누가 세우지 못하겠느냐며
콜럼버스의 성공을 否認했다.
이 말을 듣고 콜럼버스는 이렇게 말했다.
"문제를 낼 때 달걀을 깨뜨려서는 안된다는 말은 없었잖아!"
이처럼 고정 관념에서 벗어나면, 컬럼버스처럼 신대륙 발견이란
위대한 일을 할 수 있는 것이다.

옳을 가	아니 부	낮 주	밤 야

😊 필순에 따라 왼쪽의 한자를 쓰고, 획수를 써 보세요.

가	可				획

부	否				획

주	晝				획

야	夜				획

😊 서로 알맞은 것끼리 선을 이으세요.

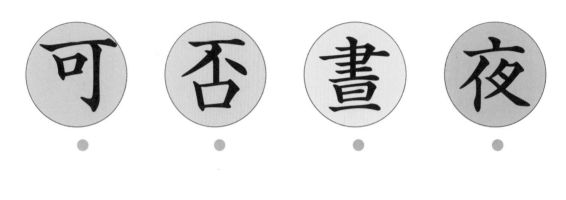

可　　否　　晝　　夜

옳을　　낮　　아니　　밤

야　　주　　부　　가

이 달에 배운 한자를 다시 한 번 써 보세요.

曲 굽을 곡				遠 멀 원		
直 곧을 직				近 가까울 근		
開 열 개				强 강할 강		
閉 닫을 폐				弱 약할 약		
吉 좋을 길				可 옳을 가		
凶 흉할 흉				否 아니 부		
貧 가난할 빈				晝 낮 주		
富 부자 부				夜 밤 야		

눈을 뽑으란 말이야?

曲	日부수 한자				
	굽을 곡				
植	木부수 한자				
	심을 식				
開	門부수 한자				
	열 개				
閉	門부수 한자				
	닫을 폐				
結	糸부수 한자				
	맺을 결				
兇	儿부수 한자				
	사나울 흉				
貧	貝부수 한자				
	가난할 빈				
富	宀부수 한자				
	부자 부				

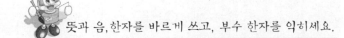

뜻과 음, 한자를 바르게 쓰고, 부수 한자를 익히세요.

遠	辶 부수 한자			
	멀 **원**			
近	辶 부수 한자			
	가까울 **근**			
強	弓 부수 한자			
	강할 **강**			
弱	弓 부수 한자			
	약할 **약**			
可	口 부수 한자			
	옳을 **가**			
否	口 부수 한자			
	아니 **부**			
晝	日 부수 한자			
	낮 **주**			
液	氵부수 한자			
	즙 **액**			

뜻과 음, 한자를 바르게 쓰고, 부수 한자를 익히세요.

曲	뜻				
	음				
直	뜻				
	음				
開	뜻				
	음				
閉	뜻				
	음				
吉	뜻				
	음				
凶	뜻				
	음				
貧	뜻				
	음				
富	뜻				
	음				

뜻과 음, 한자를 바르게 쓰고, 부수 한자를 익히세요.

遠	뜻	遠		
	음			
近	뜻	近		
	음			
强	뜻	强		
	음			
弱	뜻	弱		
	음			
可	뜻	可		
	음			
否	뜻	否		
	음			
晝	뜻	晝		
	음			
夜	뜻	夜		
	음			

뜻과 음, 한자를 바르게 쓰고, 부수 한자를 익히세요.

本	뜻				
	음				
末	뜻				
	음				
未	뜻				
	음				
安	뜻				
	음				
交	뜻				
	음				
親	뜻				
	음				
反	뜻				
	음				
對	뜻				
	음				
家	뜻				
	음				
族	뜻				
	음				
兄	뜻				
	음				
弟	뜻				
	음				

姉	뜻				
	음				
妹	뜻				
	음				
祖	뜻				
	음				
孫	뜻				
	음				
天	뜻				
	음				
地	뜻				
	음				
民	뜻				
	음				
官	뜻				
	음				
星	뜻				
	음				
湖	뜻				
	음				
原	뜻				
	음				
因	뜻				
	음				

뜻과 음, 한자를 바르게 쓰고, 부수 한자를 익히세요.

巨	뜻			
	음			
臣	뜻			
	음			
主	뜻			
	음			
客	뜻			
	음			
永	뜻			
	음			
新	뜻			
	음			
保	뜻			
	음			
存	뜻			
	음			
友	뜻			
	음			
情	뜻			
	음			
知	뜻			
	음			
思	뜻			
	음			

意	뜻				
	음				
志	뜻				
	음				
成	뜻				
	음				
功	뜻				
	음				
松	뜻				
	음				
林	뜻				
	음				
間	뜻				
	음				
分	뜻				
	음				
河	뜻				
	음				
海	뜻				
	음				
江	뜻				
	음				
洋	뜻				
	음				